AF227499

ALBUM IMPÉRIAL

OU

SOUVENIR DES APPARTEMENTS

HABITÉS PAR

NAPOLÉON IER

ET

L'IMPÉRATRICE JOSÉPHINE

A LA MALMAISON

PAR

Le Colonel MARNIER

PARIS

IMPRIMERIE A. WITTERSHEIM

RUE MONTMORENCY, 8

1866

NOTICE HISTORIQUE

SUR

UN MOBILIER IMPÉRIAL

AU COLONEL MARNIER

Le général Shéridan était, en Angleterre, un des admirateurs les plus passionnés de l'Empereur.

A la vente du mobilier de la Malmaison, il vint, de Londres, en acheter les plus curieux souvenirs.

Ceux à qui la mémoire de l'Empereur était chère, vinrent à leur tour, quand le général Shéridan mourut à Paris, essayer d'avoir part aux richesses de son cabinet. Je fus du nombre des enchérisseurs.

Avec plus d'attachement et d'enthousiasme que de fortune, la lutte fut rude à soutenir pour moi : je m'y présentai résolûment.

Mes concurrents parmi les Anglais ne me firent qu'une noble guerre. J'eus bien moins bonne composition des brocanteurs, qui achetaient pour revendre : l'intérêt ferme l'oreille aux sentiments.

J'eus cependant, pour ma part, entre autres choses dans ce mobilier si disputé, le magnifique bureau présenté à l'Empereur par la capitale de l'Autriche en 1806 : souvenir de gloire !

Un très-élégant buffet d'orgue qui ornait le boudoir de Joséphine, exécutant à volonté tous les airs favoris que sifflait Bonaparte, soucieux et préoccupé sous les ombrages de la Malmaison : souvenir d'intimité !

Le fauteuil de forme antique sur lequel l'Empereur présidait les célèbres séances du Conseil d'État à Saint-Cloud.

Un baromètre, un thermomètre dignes des plus somptueux palais.

Une lorgnette.

La première armoire à glace que posséda madame Bonaparte ; rien d'aussi parfait en ébénisterie.

Un bougeoir de la forme sacerdotale, venant du cardinal Fesch. Étrange privilége, qui est consacré à cette haute dignité de l'Église.

J'aurais dû me tenir pour satisfait ; l'est-on jamais ?

J'aperçus dans un coin une toute petite salamandre en or de couleur, dont le dos était recouvert de fines émeraudes. Ce bijou, me dis-je, cache un mystère. Le mystère, en effet, c'étaient des cheveux de Napoléon, que lady Shéridan s'était procurés sur le rocher de Sainte-Hélène, après avoir attendu huit jours entiers pour y voir un moment l'illustre captif.

Deux petites consoles du même style que le bureau ; elles sont de Vienne et ornaient le boudoir de Joséphine.

Une grande console, de Jacob, ornée d'une glace et de bronzes. Elle se trouvait dans le grand salon.

Le Somno, de forme antique, avec des figures égyptiennes. Il faisait partie du mobilier de la chambre à coucher de Joséphine.

Deux lampes en bronze, statuettes d'un goût exquis ; elles ornaient la cheminée du boudoir.

Un flambeau à trois branches, extrêmement soigné ; il était placé chaque soir sur le bureau de l'Empereur. Alors il n'était pas encore question de lampes-carcel.

Un magnifique jeu d'échecs, destiné par le général Rapp à l'Empereur, à son passage à Dantzig.

La fantaisie me fit acheter une vieille sonnette de bureau avec un manche garni de velours rouge et de cordonnet vert ; sonnette semblable à celles qui rappellent au calme les assemblées trop orageuses. Aucun amateur ne la poussa. Je l'eus presque pour rien. Un valet de chambre me remit, pour l'emporter, un étui *fleurdelisé* qui trahissait une noble origine... Mais laquelle ? — Un jour, une femme, célèbre par un beau talent, par une rare présence d'esprit et par un généreux dévouement, madame de Mirbel, visitait ce qu'elle appelait mon *bric-à-brac*. Tout à coup : « D'où vous vient cette sonnette ? » dit-elle en s'en saisissant. Savez-vous son histoire ? — » Non vraiment ! — Eh bien, moi, je la sais et je vous » la dirai, car je tiens le récit de Louis XVIII. Écoutez » donc. »

Et Dieu sait si, tant que nous étions là, nous écoutâmes.

« Un jour, dit-elle, dans le cabinet du Roi, je m'é-
» tonnais de voir sur son riche bureau un petit meuble
» aussi simple. — Ma chère enfant, me dit-il, cette son-
» nette est une légende. Je la vis pour la première fois
» au garde-meuble de la Couronne, un jour que
» Louis XVI en montrait les antiquités à sa jeune épouse.
» A l'instant je formai le projet de m'approprier la son-
» nette... Je fus voleur ; mais je ne jouis pas longtemps
» de mon larcin ; huit jours après j'étais volé. Désolé,
» furieux, je grondai, je menaçai ; j'allais sévir, quand,
» entrant un matin chez le Roi, je reconnais *l'objet* sur
» sa toilette. Il s'attendait à mon étonnement, et fut pris,
» ainsi que moi, d'un fou rire ; mais je ne revis plus la
» sonnette. Vous savez ce qui se passa : révolution,
» pillage des châteaux, république, affreuses catastro-
» phes, consulat, empire. Jugez donc de ma surprise,
» quand, à mon second retour aux Tuileries, en 1815, je
» retrouvai là, sur mon bureau (en croirais-je mes
» yeux?), ma sonnette ! Je la regardai, je la caressai,
» je l'embrassai avec frénésie. Oh ! mon enfant ! c'est
» qu'elle nous vient d'un de nos ancêtres à la fois grand
» politique et prince religieux ; elle nous vient de
» Louis XI ! Le prince qui saluait toutes les bonnes
» Vierges, qui portait à son bonnet Notre-Dame de Cléry
» sur une médaille en plomb, a dû s'agenouiller souvent
» devant sa sonnette ; car, voyez les médailles pieuses

» incrustées dans le bronze, voyez les quatre christ
» dans un ciel étoilé, et, de plus, essayez de lire cette
» légende, écrite à rebours : CELVI QVI FAIRA PENI-
» TENCE, DE DIEV AVRA LA RECOMPENCE.

» Des mains de Louis XI, la sonnette arriva succes-
» sivement à celles de Charles IX. Ce prince était cu-
» rieux. Il avait rassemblé, dans un seul cabinet, tout
» ce que les châteaux royaux conservaient de plus rare.
» Ces objets étaient représentés en peinture dans un ta-
» bleau que j'ai vu comme je vous vois, dans le cabinet
» du Roi à Versailles, et la sonnette de Louis XI y
» figurait. Vous, qui n'avez pas moins de jugement et
» d'instruction que de malice, ma chère enfant, ajouta
» Louis XVIII, vous concevrez combien l'origine, en
» fait de sonnette, ennoblit le métal et la forme. »

Que nous ayons écouté l'aimable narrateur avec un
très-vif intérêt, cela s'explique de reste ; mais qu'était
devenue la clochette royale pendant la Terreur, le
Consulat et l'Empire ? Qui l'avait si soigneusement
mise à l'écart, et comment s'était-elle si miraculeuse-
ment retrouvée ? C'est, on le pense bien, ce que je
me mis avec grande ardeur à chercher, et... je cherche
encore.

LE BUREAU

Pendant le séjour de l'Empereur au château de Schœnbrünn, le bureau qui se trouvait dans le cabinet de travail de Sa Majesté attira son attention. Il en fit la remarque à son secrétaire, M. de Menneval. « Ce meu-
» ble, dit-il à Menneval, est cent fois plus commode,
» plus complet que mes bureaux des Tuileries. »

Menneval, à qui s'adressait ordinairement l'intendant général de la Maison impériale pour connaître les besoins de l'Empereur, lui dit que Sa Majesté trouvait l'habitation admirable ; et il fit surtout l'éloge du bureau.

Cet intendant général, qui tenait à gagner l'affection de l'Empereur, fit immédiatement part de la remarque de Sa Majesté au sujet du fameux bureau.

Aussitôt l'administration du mobilier de la Couronne commanda un meuble parfaitement semblable, et expédia à Paris un artiste pour découvrir le moyen de le décorer dans le goût français.

Cette personne s'adressa directement au baron Denon, directeur général du musée impérial, qui lui donna plusieurs dessins, lesquels furent même exécutés sous sa direction, avec le plus grand soin, par des ouvriers du musée, tels que les cariatides bronzées dans le style égyptien, ainsi que différents attributs historiques de l'époque, soit grecs, romains ou égyptiens, où domine l'aigle impériale. Rien ne fut négligé. Jusqu'aux entrées de serrures, figurant abeilles et papillons.

Ce meuble, d'une très-grande magnificence, fut alors complété à Vienne au moyen de tout ce qui avait été fabriqué à Paris, sous l'inspection même du baron Denon.

Lors de son premier voyage à la Malmaison, l'Empereur reconnut la forme de son bureau de Schœnbrünn; mais ce qui frappa surtout son regard, ce furent les ornements au moyen desquels on avait su en faire un meuble ravissant qui, dès lors, eut sa prédilection.

Menneval était seul dans le secret; il raconta à l'Empereur ce qui s'était passé.

Sa Majesté, à qui on fit remarquer le nom du fabricant, qui existe incrusté dans le meuble (Koch, à Vienne), lui fit envoyer cinq ou six mille francs, au dire de Menneval.

Ce fabricant fut tellement vanté par l'Empereur, que plusieurs officiers de sa maison lui firent des commandes importantes, notamment le général Rapp, qui fit entièrement meubler son château de Rheinweiler avec des meubles du fabricant de Vienne.

ORGUE DE L'IMPÉRATRICE

Ce buffet d'orgue est une vraie merveille. Davrainville l'avait d'abord fabriqué pour un souverain étranger, mais l'impératrice Joséphine, l'ayant vu, désira l'avoir ; et, pour être agréable à l'Empereur, elle fit remplacer les rouleaux qui contenaient des airs étrangers par des airs français, par ceux que l'Empereur affectionnait et sifflait en se promenant dans le jardin réservé de l'Impératrice à la Malmaison.

L'orgue terminé, l'Impératrice le fit placer dans son salon particulier, et un jour, au moment où l'Empereur y entrait, voici tout à coup l'instrument qui joue avec une mélodie ravissante un des airs favoris de l'Empereur, puis un autre à la suite, puis un troisième, enfin jusqu'à quinze, que contient le rouleau.

L'Empereur ne revenait pas de sa surprise ; il ne savait comment témoigner à Joséphine combien il était touché de sa délicate attention.

Cependant, après avoir écouté les quinze airs, afin de faire pièce à l'Impératrice, il se mit à en siffloter d'autres ; Joséphine fit aussitôt appeler Davrainville, lui chanta les autres airs et commanda un second rouleau.

Lorsque les nouveaux airs furent mis en place, la malicieuse Joséphine ayant fait asseoir l'Empereur, lui demanda quel air lui plaisait le plus dans ceux de l'orgue; l'Empereur en cita un qu'il savait ne pas avoir entendu parmi la collection. Aussitôt Joséphine toucha un petit ressort, et voici de nouveaux airs aimés de l'Empereur...

Réellement ces petites scènes rendaient bien heureux l'auguste ménage, qui jouissait de la plénitude d'un rare bonheur dans l'habitation si paisible de la Malmaison.

Lorsque l'Empereur éloignait pour quelques jours les nombreux soucis qui l'accablaient, il disait à Joséphine : « Précède-moi de suite à la Malmaison, et prépare-toi à y recevoir bourgeoisement ton Napoléon. »

L'instrument dont je parle est d'une facture luxueuse ; des reliefs du plus grand mérite, en bronze doré, et faits exprès, entourent la cage qui contient la musique ; rien n'a été négligé pour en faire un meuble princier.

Un monarque (le roi Maximilien de Bavière, m'a dit Meneval) en apprenant la destination que lui avait donné l'artiste, voulut en exiger un semblable, mais Davrainville y mit un prix tellement exorbitant que ce prince refusa, de sorte qu'il existe seul.

Outre la cage, l'instrument est posé sur une console soutenue par une fort belle statue, un Atlas agenouillé qui, avec sa tête et ses deux bras, porte la console.

Cette belle cariatide est en bois dur, admirablement sculptée. Le fameux sculpteur Bosio m'en offrit une somme considérable pour la reproduire en bronze; alors il en mettrait, me disait-il, plusieurs copies à ma disposition. Je refusai et gardai l'instrument parfaitement intact.

Autrefois ce buffet était surmonté par une pendule, dont le mécanisme faisait partir à chaque heure une détente qui faisait jouer un air. Cette pendule n'existait plus lorsque j'ai acheté l'orgue. Sa place est marquée sur le haut de la vitrine qui couvre, dans son entier, le bel instrument.

LE FAUTEUIL

Ce fauteuil, en forme de chaise curule, est en acajou massif.

Le coussinet sur lequel s'asseyait l'Empereur lorsqu'il présidait le Conseil d'État à la Malmaison, est en velours rouge brodé d'or ; mais Sa Majesté le faisait toujours retourner, et disait en plaisantant, que la broderie *usait ses culottes.*

Ce fauteuil, qui ne lui plaisait pas, occupa pendant longtemps la place de l'Empereur à la table où se réunissait le Conseil d'État ; mais il avait fini par préférer un siége ordinaire à cette vraie masse, disait-il, qui fut alors relégué à l'extrémité de la salle, derrière la place qu'occupait Sa Majesté, qui y déposait toujours son chapeau en entrant.

Deux boules en ébène, qui servent de point d'appui, sont garnies d'étoiles en or, que, dans ses moments de préoccupation, l'Empereur faisait sauter avec la lame de son canif.

BAROMÈTRE ET THERMOMÈTRE

Ces deux belles pièces étaient fixées aux deux côtés de la cheminée du cabinet de l'Empereur. Elles sont admirables : ce sont deux meubles vraiment princiers.

L'Empereur les consultait souvent et même les dérangeait quelquefois pour les *forcer* à indiquer le beau temps.

LORGNETTE

L'Empereur avait la vue courte. A l'armée, un page portait toujours en sautoir une lunette d'approche ; mais les aides-de-camp de service avaient ordinairement sur eux une lorgnette qui se repliait sur elle-même par plusieurs anneaux, ce qui la rendait très-portative.

L'Empereur se servait habituellement d'une semblable lorgnette au spectacle ; et souvent, sur les champs de bataille, lorsqu'il se portait sur un point sans être accompagné par son entourage, c'est à l'aide de cette petite lorgnette qu'il jugeait alors de la position et des mouvements de l'ennemi.

Le général Rapp, qui avait une de ces lorgnettes impériales, la conservait religieusement ; à sa mort, sa veuve me la donna.

PREMIÈRE ARMOIRE A GLACE
DE JOSÉPHINE

L'impératrice Joséphine avait plusieurs meubles que l'Empereur visitait souvent pendant son absence, ceux surtout dans lesquels elle plaçait ses comptes particuliers, les mémoires de ses marchandes de modes.

L'impératrice fit faire par Jacob une armoire à glace : ce fut la première qu'elle ait eue. Dans le bas de cette armoire elle demanda un double fond, qu'elle destina à y placer les papiers et objets qu'elle voulait dérober à la curiosité de l'Empereur.

Cette armoire, quoique simple, n'est pas dépourvue d'élégance.

Le tiroir secret amusait beaucoup Joséphine, qui disait à l'Empereur, qu'elle avait son meuble avec un secret connu d'elle seule.

LE BOUGEOIR

Ce bougeoir, qui est de forme sacerdotale, est un privilége consacré aux hautes dignités de l'Église, et a appartenu au cardinal Fesch, oncle de Napoléon. Il était ainsi désigné sur le catalogue des curiosités du général Shéridan.

LA SALAMANDRE

Au nombre des objets qui furent vendus à la mort du général Shéridan, ce grand collectionneur de tout ce qui avait appartenu à Napoléon, se trouvait une épingle d'une forme singulière, représentant une salamandre.

A peine en avais-je fait l'acquisition, que le valet de chambre du général s'empressa de me faire connaître, de la manière suivante, l'origine de ce bijou.

« Lorsque le général revint des Indes, le vaisseau qui » nous transportait toucha à Sainte-Hélène, où nous » restâmes quelques jours. La femme du général fit de » vains efforts pour voir Napoléon, qui était alors souf-» frant; mais elle obtint du premier valet de chambre » de l'Empereur (M. Marchand) quelques cheveux de » Sa Majesté.

» Aussitôt notre arrivée à Londres, Mme Shéridan » s'empressa de faire faire la salamandre que vous avez, » et dans ce bijou elle fit mettre sous ses yeux les che-» veux de l'Empereur, qu'elle n'aurait pas donnés pour » un million, disait-elle. »

Effectivement, en regardant sous le ventre de la sala-mandre, on remarque une petite ouverture fermée d'un cristal de roche, par où les cheveux ont été introduits.

Un Anglais, M. Hope, ami de feu le général Shéridan, m'a raconté le fait cité par le valet de chambre,
ce qui donne, à mes yeux, un très-grand prix à la salamandre.

DEUX PETITES CONSOLES

Ces deux modestes meubles se trouvaient dans l'appartement de Joséphine, qui y plaçait ce qu'on nomme chinoiseries, bibelots, etc. Sa Majesté aimait ces petits riens que l'Empereur lui dérobait quelquefois, en la grondant de dépenser follement son argent. Ces consoles sont de Vienne.

UNE GRANDE CONSOLE

C'est un des beaux meubles de Jacob ; une belle glace en forme le fond, de riches bronzes décorent les parties saillantes. Il était dans le grand salon.

LE SOMNO

Charmant petit meuble qui se trouvait dans la chambre à coucher de l'Impératrice. Dans le jour, on le plaçait en avant du lit. Sur la galerie qui couronne ce meuble, on plaçait chaque matin une belle corbeille de fleurs, car Joséphine avait une grande passion pour les fleurs.

La forme de ce meuble est entièrement du goût de l'époque, avec des figures égyptiennes.

DEUX LAMPES EN BRONZE

Ce sont deux ravissantes statuettes ailées qui, à genoux, semblent entretenir, au moyen d'urnes, des lumières perpétuelles.

Ces deux objets occupaient les deux extrémités de la cheminée du boudoir de Joséphine. Elles sont d'un goût exquis, qui n'a jamais été reproduit.

FLAMBEAUX A TROIS BRANCHES

Ce flambeau est extrêmement soigné. On le plaçait chaque soir sur le bureau de l'Empereur.

A cette époque, les lampes-carcel n'étaient point encore en usage, et trois bougies, dans un flambeau, recouvertes d'un abat-jour, étaient ce qu'il y avait de mieux alors.

LE JEU D'ÉCHECS

Lors du passage de l'Empereur à Dantzig, dont le général Rapp était gouverneur, Sa Majesté remarqua, dans l'appartement mis à sa disposition, un jeu d'échecs d'une délicatesse extrême.

Le général Rapp dit à l'Empereur : « Sire, ce jeu, » qui est l'ouvrage d'un homme très-habile, est des- » tiné à Votre Majesté. » L'Empereur regarde en sou- riant son aide de camp, et lui répond aussitôt : « Par- » bleu, Rapp, tu es à la fois un galant homme et un » homme galant; tu m'enverras *mon* jeu d'échecs à » Paris. » (J'étais présent).

Mais lorsque après la campagne de Russie, Rapp rentra en France, Napoléon était déjà à l'île d'Elbe !

Le jeu d'échecs resta entre les mains du général Rapp. A sa mort, il me fut donné par sa veuve.

LE SABRE D'AUSTERLITZ

A la suite de la fameuse bataille des Pyramides, Rapp fut envoyé au général en chef des mameluks, Mourad-Bey, par le général Desaix, dont il était le premier aide de camp.

Après l'entrevue qui eut lieu entre ces deux généraux, qui signèrent la paix, Mourad-Bey détacha le magnifique sabre qu'il portait, et, en l'offrant à Rapp, il lui dit ces propres paroles : « L'arme d'un vaincu doit appartenir à un vainqueur. Prends ce sabre, jeune brave, et qu'il puisse te porter bonheur : tel est mon désir. »

Rapp, à cette époque, chef d'escadron, conserva ce beau sabre, son arme de prédilection, qu'il portait toujours à l'armée, et surtout à la bataille d'Austerlitz, où, après avoir échangé plusieurs coups de sabre avec le prince Repnin qui commandait le corps des chevaliers-gardes de l'Empereur de Russie, il fit prisonnier de sa main ce prince, qu'il conduisit à Napoléon.

Sur le tableau de la bataille d'Austerlitz, de Gérard, on voit Rapp blessé, sans chapeau, amenant à l'Empereur son prisonnier. Rapp tient suspendu à son bras le sabre de Mourad-Bey.

A la mort du général Rapp, sa veuve m'ayant offert quelques armes, je choisis d'abord l'épée qu'il tenait de l'Empereur, puis le sabre d'Austerlitz, qui formaient le plus bel ornement de sa riche panoplie.

HISTOIRE D'UNE PIPE

L'usage de la pipe, en France, ne remonte pas au delà d'une soixantaine d'années. Il ne prit d'extension qu'à l'époque des guerres de la Révolution, surtout lorsque nos armées séjournèrent en Allemagne, où le tabac est considéré comme un des besoins de la vie.

Nos soldats adoptèrent d'autant plus facilement cet usage, que nos hôtes, les Allemands, en faisaient presque toujours les frais ; et insensiblement il fut de bon ton, dans les réunions militaires, de présenter aux conviés *la pipe de l'hospitalité,* ainsi qu'avaient l'habitude de le faire eux-mêmes les Allemands.

Les différents chefs de l'armée eurent des assortiments de pipes en plus ou moins grand nombre ; quelques-uns poussèrent la recherche jusqu'à faire des collections d'une grande richesse, notamment le prince Murat et le maréchal Oudinot.

Murat en possédait, dit-on, plus de deux cents ; mais le maréchal Oudinot avait fait de sa réunion de pipes l'objet d'un luxe inouï, et la pièce qui renfermait cette riche collection, dans son château de Jean-d'Heure, fut visitée par plus d'un auguste amateur. Ses amis se plaisaient à en augmenter le nombre : toutes avaient leur origine historique, leur généalogie.

Un jour que le général Rapp se trouvait à Jean-d'Heure, les conviés, comme d'habitude, passèrent après le dîner dans le salon des pipes. Le maréchal s'étant aperçu que le général était le seul qui ne fumât pas, tint à ce qu'il se conformât à l'usage ; et, afin de l'y contraindre d'une manière aimable, il lui présenta une pipe toute préparée par lui-même, en lui disant :
« Il est possible, mon cher Rapp, que tu n'aimes à fu-
» mer que dans une pipe à toi... Eh bien, en voici une
» que je te prie d'accepter... Maintenant, tu vas être des
» nôtres. »

Le général l'accepta avec d'autant plus de reconnaissance que le maréchal lui dit qu'il tenait cette pipe de Murat.

Rapp lui assigna une place honorable dans une vitrine de luxe qui ne s'ouvrait presque jamais, car l'odeur du tabac l'incommodait. Plusieurs pipes fort belles s'y trouvaient réunies, avec des notices historiques sur chacune d'elles.

Un jour qu'il avait à dîner quelques fumeurs, la vitrine fut ouverte et chacun s'arma d'une pipe ; le général me donna celle en question.

L'idée lui vint, ce jour-là, de bannir à jamais de son hôtel la fumée du tabac, et il fit cadeau à chacun de nous d'une de ses pipes. Cinq ou six seulement, auxquelles il rattachait de précieux souvenirs, échappèrent à cette Saint-Barthélemy. La vitrine reçut une autre destination, et, depuis ce moment, aucune pipe ne parut dans son hôtel.

Pour mettre le comble à la gracieuseté qu'il venait de me faire, il fit graver sur le couvercle, par M. Bertin, bijoutier au Palais-Royal, cette inscription :

MURAT A OUDINOT, — A RAPP, — A MARNIER.

ÉPÉE DE NAPOLÉON

Extrait du *Napoléon, Mémorial anecdotique et biographique*
de l'Empire et de la Grande Armée.
3e année, 2e livraison, pages 140, 141, 142, 143.

De premier consul de la République française devenu
empereur, Napoléon Bonaparte voulut établir au palais
une sorte d'étiquette de cour. Le plus grand nombre
de ceux qui s'étaient attachés à sa fortune, et qui l'en-
touraient, se hâtaient non-seulement de remplir les in-
tentions du nouveau maître, mais encore quelques-uns
outre-passèrent ses désirs. Cependant plusieurs de ses
vieux compagnons d'armes répugnaient d'autant plus à
se soumettre à cette innovation, qu'elle introduisait
d'une part un cérémonial d'intérieur qui tendait à les
éloigner de la présence de leur général ; et, de l'autre,
des manières, une tenue qui leur étaient pour ainsi
dire étrangères. Ce fut à cette occasion que le général
Rapp, si connu pour sa franchise, tomba tout à coup
dans une espèce de disgrâce auprès de l'Empereur, pour
avoir exhalé un peu trop haut tout le déplaisir que lui
causait ce nouvel ordre de choses, et peut-être aussi
pour n'avoir pas su dissimuler le chagrin qu'il avait
ressenti de l'exil du général Regnier. Fouché ayant in-
tercepté une lettre de Rapp dans laquelle ce dernier ne

dissimulait guère sa façon de penser à ce sujet, l'avait
portée immédiatement à Napoléon. Alors une scène
violente avait éclaté entre l'Empereur et son aide de
camp, et Rapp avait aussitôt quitté les Tuileries; mais,
deux jours après, Napoléon donnait en riant de petits
soufflets d'amitié sur les joues de Rapp, et lui tirait les
moustaches en le qualifiant de mauvaise tête.

A cette époque l'Empereur s'occupait donc beaucoup
du nouveau cérémonial qu'il voulait qu'on suivît aux
Tuileries. Il consulta même sur ce sujet le baron de
Dreyer, ambassadeur du roi de Danemark (dont la
mise et la tenue tenait du beau temps de Louis XIV),
ainsi que madame Campan, qui, précédemment, avait
appartenu à la reine Marie-Antoinette. Cette dame avait
vu les derniers beaux jours de la cour de Louis XV.

L'Empereur avait eu la faiblesse de remarquer la
grâce avec laquelle MM. *tels* et *tels* tenaient ordinairement leur chapeau, portaient leur épée, prenaient une
prise de tabac. Il avait plaisanté ceux qui, disait-il,
se tenaient par trop sous les armes, et lui-même avait
fait adapter à une de ses épées un anneau pour la sus-
pendre à un crochet qui tenait au ceinturon, croyant,
par là légère inclinaison qu'il lui imprimait, se donner
plus de grâce.

Un jour, ayant remarqué Rapp qui persistait à con-
server toute la sévérité de sa tenue toute militaire, il
s'approcha de lui, et, d'un ton familier :

« Mon cher Rapp, lui dit-il, tu ne seras donc jamais

» qu'un soldat?... Je vois bien qu'il faut que je te donne
» moi-même des leçons pour te former... Qu'est-ce que
» cette manière de tenir son chapeau?... Mais on le place
» ainsi, à la manière des gens de cour... (et en disant
» cela Napoléon mettait le sien sous son bras). Et puis,
» ton épée qui est toujours droite et collée à ta cuisse...
» tiens, vois la mienne ; je l'ai fait arranger avec cet
» anneau pour qu'elle ne soit point captive... C'est
» ainsi, monsieur le général, qu'il faut dorénavant por-
» ter la vôtre ; au reste, prends la mienne, elle est tout
» arrangée... Je suis bien sûr que vous la porterez,
» monsieur l'entêté. » Et comme Rapp s'inclinait pour
remercier l'Empereur, celui-ci lui frappait sur les deux
joues en répétant : *O le sauvage !*

A la mort du général Rapp, sa veuve voulant
donner à celui qui avait eu l'honneur d'être le premier
aide de camp de son mari (le colonel Jules Marnier) une
marque de souvenir et de gratitude, lui permit de choi-
sir parmi les armes du général celle qui lui plairait
davantage. L'aide de camp, qui savait comment une des
épées de l'Empereur se trouvait en possession de Rapp,
la préféra à toutes les armes de luxe que le général avait
amassées en grand nombre. .

NOTICE ÉPISODIQUE
SUR L'ÉPÉE DE NAPOLÉON

QUI EST EN MA POSSESSION

(Colonel MARNIER, ancien aide de camp du général RAPP.)

Cette épée avait été donnée par l'Empereur au général Rapp.

Lorsque celui-ci montrait sa belle collection d'armes précieuses, il ne manquait pas de faire l'historique de cette épée ; il le faisait à peu près dans les termes qu'on a employés dans la *Chronique de Paris* et le *Napoléon*.

L'Empereur donna, en effet, l'épée dont il s'agit au général, dans les premiers temps de l'Empire, alors qu'il commença à se former une cour. Le général la portait rarement, tant il craignait qu'il ne lui arrivât d'accident.

Un jour cependant qu'il descendait de voiture, elle resta un moment engagée à la portière, et fut faussée près de la coquille ; il ne voulait pas s'en dessaisir pour la faire réparer, et la garda telle qu'elle est aujourd'hui.

Au retour des prisons de Russie, en 1815, chaque fois qu'il la visitait, il laissait échapper une expression de regret :

Pauvre Empereur ! s'écriait-il.... et il s'éloignait.

Il la portait lorsque, dans les Cent-Jours, il prit congé de Napoléon pour aller commander l'armée du Rhin ; l'Empereur la remarqua.... *Allons,* lui dit-il, *va sur le Rhin ; mais,* ajouta-t-il en touchant à l'épée, *est-ce que tu ne veux plus faire le coup de sabre ? — L'épée de grand seigneur,* répondit le général en riant, *est bonne pour les Tuileries, mais je garde ma lame d'Austerlitz pour le combat.*

— *Je sais,* répliqua l'Empereur en lui tendant la main, *que tu as toujours préféré ton Durandal à l'épée de grand seigneur ;* puis attirant le général à lui, il l'embrassa avec effusion, en lui disant... *Pars donc pour ta chère Alsace, mon cher Rapp....* Mon général, près duquel je me trouvais, me présenta ainsi à Sa Majesté : *Sire, voici mon aide de camp. — Ah ! le commandant Marnier ! — Oui, Sire,* fis-je en m'inclinant... *— J'ai parcouru votre rapport, jeune homme* (1), me dit l'Empereur d'un ton bref, *vous vous êtes glorieusement tiré du naufrage... c'est bien... très-bien... Rapp, tu me rappelleras ton aide de camp...* Telles fu-

(1) Ce rapport était relatif aux incidents de la prise du brick anglais que j'avais enlevé à l'abordage dans la mer Baltique, en 1813.

rent les dernières paroles que l'Empereur adressa à son aide de camp : tous deux étaient émus...

Après les Cent-Jours, lorsque le général rentra de l'exil volontaire auquel il s'était condamné, Louis XVIII l'appela près de sa personne, en lui conférant la charge de premier chambellan : Rapp portait souvent l'épée qu'il avait reçue de Napoléon. Quelques courtisans en avaient fait la remarque, entre autres le duc de Fitz-James... Un jour, au salon de service à Saint-Cloud, celui-ci hasarda une plaisanterie qui ne mit pas les rieurs de son côté. — *C'est donc là l'épée du grand homme !* dit le duc en ricanant. *C'est elle-même,* répondit Rapp, la serrant de sa main gauche, comme pour éviter qu'elle ne fût profanée par un attouchement. — *Elle doit être bien étonnée de se trouver si proche voisine d'un habit de chambellan de Louis XVIII.* — *J'ignore, monsieur le duc,* répartit avec vivacité le général, *ce que peut penser l'épée de l'Empereur, mais ce que je sais parfaitement, moi, c'est que si jamais elle sort du fourreau, elle prouvera aux mauvais plaisants qu'elle n'aime pas les mauvaises plaisanteries...* Puis, après avoir fixé le duc comme s'il eût attendu sa réponse, il lui tourna le dos : celui-ci se tira d'embarras en homme de cour. *Ce cher Rapp,* dit-il, *il est toujours charmant...*

Louis XVIII avait été instruit que le général portait cette épée ; mais bien qu'il la regardât quelquefois avec attention, il ne lui en parla jamais.

A la mort de l'Empereur, le général Rapp s'attacha davantage à tout ce qu'il tenait de ce prince. Quelques tabatières, une carabine, des pistolets, ainsi que d'autres armes de luxe données en cadeau, occupaient dans sa chambre à coucher une place réservée ; mais ce à quoi il mettait le plus grand prix, c'était cette épée et le poignard qu'il avait saisi dans les mains de Staps, arrêté à Schœnbrünn, au moment où ce jeune fanatique allait frapper l'Empereur.

Ce poignard est entre les mains de la fille du général Rapp, aujourd'hui Mme Hope. Quant à l'épée, elle m'a été donnée par la veuve du général Rapp, qui en connaissait l'origine, ce qui en double le prix à mes yeux.

—⟵∘∘∘∘OO∘∘∘⟶— —

Imp. Litho-Typo HUARD, à Montmorency.   Paris. Typ. Wittersheim.